Pe. ADEMIR BERNARDELLI, C.Ss.R.

NOVENA AO SANTÍSSIMO SACRAMENTO

EDITORA
SANTUÁRIO

ISBN 85-7200-876-4

Os textos usados na meditação de cada dia foram baseados no documento "Eucaristia, fonte de missão e vida solidária", elaborado para o Congresso Eucarístico Nacional, na cidade de Campinas-SP, em junho de 2001.

1ª edição: 2003

9ª impressão

Todos os direitos reservados à **EDITORA SANTUÁRIO** – 2023

Rua Padre Claro Monteiro, 342 – 12570-045 – Aparecida-SP
Tel.: 12 3104-2000 – Televendas: 0800 016 00 04
www.editorasantuario.com.br
vendas@editorasantuario.com.br

COMO FAZER A NOVENA
(Roteiro para todos os dias)

Oração inicial

— Em nome do Pai, do Filho e do Espírito Santo.
— **Amém.**

Rezando diante do Ss. Sacramento

"Tu és, Jesus Cristo, todo o bem que há em mim, minha única herança e toda a minha riqueza.

Para que quero mais?

De tal modo és minha ambição, que não quero viver para mim mesmo. Dize-me se há algo, no entanto, que devo sacrificar para agradar-te, e concede-me força para fazê-lo. Toma posse de quanto sou e tenho. Entrego-te meus sentimentos, dou-te minhas afeições, a toda recompensa renuncio, e

deixo toda procura que não sejas Tu. Possuir-te a ti me basta."
(Santo Afonso Maria de Ligório)

Antífona

Graças e louvores se deem a todo o momento!
Ao Santíssimo e Diviníssimo Sacramento.

Oração final para todos os dias

D.: Toda graça nos vem desta fonte inesgotável que é a Eucaristia; vamos nos deixar possuir pela verdade de Deus que se torna viva em Jesus Cristo. Invocá-lo com fé e confiança é a solução. Vamos invocá-lo.
L. 1: Jesus, meu Deus,
T.: Tende piedade de mim.
L.2: Jesus, meu Pastor.
T.: Conduzi vosso rebanho.
L.1: Jesus, Pão do céu.
T.: Alimento salutar.
L.2: Jesus, conforto para a alma.
T.: Descanso para recomeçar.

L.1: Jesus, esperança sem fim.
T.: Recomeço de tudo.
L.2: Jesus, Pão da vida.
T.: Alimento da fé.
L.1: Jesus, porta sempre aberta.
T.: Minha segurança e minha liberdade.
L.2: Jesus, luz do caminhar.
T.: Não me deixai andar sozinho.
L.1: Jesus, minhas mãos.
T.: Sustentai-me.
L.2: Jesus, meu eterno cantar.
T.: Alegrai-me com o vinho da justiça.
L.1: Jesus, memória viva do amor redentor.
T.: Concedei-me sempre atualizá-la.
L.2: Jesus, refúgio, defesa e proteção.
T.: Abrigai-me.
L.1: Jesus, Eucaristia e Vida.
T.: Renovai meu batismo.
L.2: Jesus, Eucaristia de Amor.
T.: Ensinai-me a amar.
L.1: Jesus, Eucaristia e Memorial.
T.: Ensinai-me a ser testemunho de justiça e fraternidade.
L.2: Jesus, Banquete da Nova Aliança.

T.: Renovai-nos em vosso Reino de Amor.
L.1: Jesus, alimento da missão.
T.: Renovai nosso compromisso de fé.
L.2: Jesus, vinha de amor.
T.: Saciai nossa sede nesta fonte de graças.
L.1: Jesus, Filho de Maria.
T.: Que vivamos o que Ele nos deixou como prova de amor.

D.: Ó Trindade: Pai, Filho e Espírito Santo, nós vos adoramos, embora nada compreendamos. Ó Trindade, em vós cremos porque foi Jesus quem nos revelou o Pai que com Ele vive na unidade do Espírito Santo.
T.: Amém.

1° Dia

A EUCARISTIA, CENTRO DA VIDA CRISTÃ

1. Meditando

A Eucaristia é o Sacramento da obra salvífica de Deus e a vivência que a comunidade tem dessa Salvação. Nela se faz presente a comunhão com os irmãos. Os gestos do serviço de Cristo exigem que todos os membros da comunidade estejam unidos. Além disso, alimentando-nos da Eucaristia, sacramento da Páscoa, estaremos dispostos a empreender o caminho da libertação, porque a Eucaristia é o sinal que manifesta nossa decisão de passar da escravidão à liberdade, de um mundo envelhecido à nova criação. A Eucaristia é banquete, festa, sacrifício, páscoa, reunião, perdão, aliança, antecipação da vinda do Senhor, reatamento da promessa: eis um mistério infinito, que o fiel irá aprofundando no transcurso de sua vida.

2. Canto Eucarístico *(p. 53-63)*

3. Leitura Bíblica
(Êx 16,1-15)

"Toda a comunidade de Israel partiu de Elim e chegou ao deserto de Sin, entre Elim e o Sinai, no dia quinze do segundo mês após a saída do Egito. Toda a comunidade de Israel murmurou contra Moisés e Aarão no deserto, dizendo: 'Era melhor termos sido mortos pela mão de Javé na terra do Egito, onde estávamos sentados junto à panela de carne, comendo pão com fartura. Vocês nos trouxeram a este deserto para fazer toda esta multidão morrer de fome!'.

Javé disse a Moisés: 'Farei chover pão do céu para vocês: o povo sairá para recolher a porção de cada dia, para que eu o experimente e veja se ele observa a minha lei, ou não. No sexto dia, porém, eles deverão preparar o que recolherem, e será o dobro do que recolhem nos outros dias'.

Então Moisés e Aarão disseram a toda a comunidade de Israel: À tarde vocês saberão que foi Javé quem ouviu as murmurações que vocês fizeram contra ele.

Quem somos nós, para vocês murmurarem contra nós? Moisés disse mais: 'Esta tarde, Javé dará carne para vocês comerem e, pela manhã, pão com fartura, pois ele ouviu a murmuração que vocês fizeram contra ele. Quem somos nós? As murmurações de vocês não são contra nós, e sim contra Javé'.

Moisés disse a Aarão: 'Diga a toda a comunidade de Israel; Aproximem-se de Javé, pois ele ouviu as murmurações que vocês fizeram'. Enquanto Aarão falava para toda a comunidade de Israel, olharam para o deserto e viram que a glória de Javé aparecia numa nuvem. Javé falou a Moisés: 'Eu escutei as murmurações dos filhos de Israel. Diga-lhes que comerão carne à tarde, pela manhã, se fartarão de pão. Assim ficarão sabendo que eu sou Javé seu Deus'.

À tarde, um bando de codornizes cobriu todo o acampamento e, pela manhã, havia uma camada de orvalho ao redor do acampamento. Quando a camada de orvalho se evaporou, na superfície do deserto apareceram pequenos flocos, como cristais de gelo. Ao verem, os filhos de Israel perguntaram: 'Que é isso?' Porque não sabiam o que era."

— Palavra do Senhor.

4. Momento de silêncio e adoração

5. Preces

D.: No início desta novena, celebramos com fé a presença de Jesus-Eucaristia em nosso meio.
T.: Bendito seja o Ss. Sacramento do altar.
L.1: Senhor, fonte de vida e esperança, renovai em nosso ser a fé de sempre confiar em vós.
T.: Bendito seja o Ss. Sacramento do altar.
L.2: Senhor, Pão da Vida, presente noite e dia neste altar, sustentai nosso viver.
T.: Bendito seja o Ss. Sacramento do altar.
L.1: Senhor, Eucaristia-Comunhão, ajudai-nos no caminho da salvação.
T.: Bendito seja o Ss. Sacramento do altar.
L.2: Senhor, banquete da festa, orientai nossa Igreja na vida de fraternidade.
T.: Bendito seja o Ss. Sacramento do altar.
D.: Acolhei, Senhor, nossas preces para que sejamos no mundo fonte, vida, comunhão e festa para todos os irmãos. Por Cristo, nosso Senhor.
T.: Amém.

6. Canto para adoração ao Ss. Sacramento
(p. 53-63)

7. Rezando ao Senhor
Rezar *1 Pai-nosso, 3 Ave-Marias, 1 Glória ao Pai*

8. Antífona

Graças e louvores se deem a todo momento!
Ao Santíssimo e Diviníssimo Sacramento.

9. Oração

Senhor Jesus Cristo, que para derramar sobre os homens as riquezas de vosso amor instituístes a eucaristia e o sacerdócio, concedei-nos amar ardentemente vosso coração e usar dignamente vossos dons. Vós que sois Deus com o Pai, na unidade do Espírito Santo. Amém.

10. Oração final *(p. 4)*

2º Dia

EUCARISTIA, SACRAMENTO DO AMOR

1. Meditando

A realidade sacramental do corpo e do sangue do Senhor tem seu fundamento na realidade simbólica do pão, do vinho e da vida. A fração do pão e a bênção do cálice são símbolos do banquete. Tornam-se sacramento do Amor de um Deus apaixonado por nós. Assim a comunhão é comunhão de vida. Deus dá a vida com pão e vinho que sustentam. A bênção do pão e do vinho dimensiona a refeição com uma nova vida de comunhão total. Mediante a fé, iluminada pela Palavra de Deus, reconhecem-se os sinais do pão e do vinho e seu significado. O importante é que aqueles que assistem à Eucaristia não se limitem a estar presentes, mas que sejam fiéis, isto é, que participem da comunhão total. A Eucaristia não é um rito, mas expressão de fé da vida cristã, é sacramento de amor profundo de comunhão com o Senhor. Nós alimentamos nossa fé com a Eucaristia, com esse sacramento de amor.

2. Canto Eucarístico *(p. 53-64)*

3. Leitura Bíblica
(1Cor 11,23-36)

"De fato, eu recebi pessoalmente do Senhor aquilo que transmiti para vocês: Na noite em que foi entregue, o Senhor Jesus tomou o pão e, depois de dar graças, o partiu e disse: 'Isto é o meu corpo que é para vocês; façam isto em memória de mim'. Do mesmo modo, após a Ceia, tomou também o cálice, dizendo: 'Este cálice é a Nova Aliança no meu sangue; todas as vezes que vocês beberem dele, façam isso em memória de mim'. Portanto, todas as vezes que vocês comem deste pão e bebem deste cálice, estão anunciando a morte do Senhor, até que Ele venha.

Por isso, todo aquele que comer do pão ou beber do cálice do Senhor indignamente, será réu do corpo e do sangue do Senhor. Portanto, cada um examine a si mesmo antes de comer deste pão e beber deste cálice, pois aquele que come e bebe sem discernir o Corpo, come e bebe a própria condenação. É por isso que entre vocês há tantos fracos e enfermos, e muitos morreram. Se nós examinássemos a nós mesmos, não seríamos julgados; mas, o Senhor nos corrige por meio de seus julgamentos, para que não sejamos condenados com o mundo.

Em resumo, irmãos, quando vocês se reúnem para a Ceia, esperem uns pelos outros. Se alguém tem fome, coma em sua casa. Assim vocês não estarão se reunindo para a própria condenação. Quanto ao resto darei instruções quando aí chegar."

— Palavra do Senhor.

4. Momento de silêncio e adoração

5. Preces

D.: Confiantes na presença do Senhor, que está entre nós louvemos, conforme a inspiração do seu Espírito, e digamos:

T.: Vinde, comei do meu pão, bebei do vinho que preparei.

L.1: Senhor, sacramento do amor, que esse pão e esse vinho nunca nos faltem em nossos dias.

T.: Vinde, comei do meu pão, bebei do vinho que preparei.

L.2: Senhor, que a Eucaristia seja vivida e testemunhada em nossa vivência e na vida de nossas comunidades.

T.: Vinde, comei do meu pão, bebei do vinho que preparei.

L.1: Senhor, que o banquete da vida não seja um rito apenas, mas a comunhão da vida de Deus em nós.

T.: Vinde, comei do meu pão, bebei do vinho que preparei.

D.: Senhor, em vosso coração depositamos esses pedidos, que eles sejam colocados na prática de nossas vidas com vossa ajuda. Por Cristo, nosso Senhor. Amém.

6. Canto para adoração ao Ss. Sacramento
(p. 53-63)

7. Rezando ao Senhor

Rezar *1 Pai-nosso, 3 Ave-Marias, 1 Glória ao Pai*

8. Antífona

Graças e louvores se deem a todo momento!
Ao Santíssimo e Diviníssimo Sacramento.

9. Oração

Senhor Jesus Cristo, que para derramar sobre os homens as riquezas de vosso amor, instituístes a eucaristia e o sacerdócio, concedei-nos amar ardentemente vossos dons. Vós que sois Deus com o Pai, na unidade do Espírito Santo. Amém.

10. Oração final *(p. 4)*

3° Dia

EUCARISTIA, AÇÃO DE GRAÇAS

1. Meditando

Dar graças é reconhecer que se recebeu algo como dom gratuito ou desinteressado por parte de outra pessoa. A ação de graças surge quando, a partir da simplicidade, agradecemos os dons concedidos por Deus, gratuitamente. Deus dá gratuitamente! Encontram-se expressões de ação de graças por toda a Bíblia. Os cristãos devem viver em contínua ação de graças, sobretudo por meio da Eucaristia.

2. Canto Eucarístico *(p. 53-63)*

3. Leitura Bíblica
(Mt 11,25-27)

"Naquele tempo, Jesus disse: 'Eu te louvo, Pai, Senhor do céu e da terra, porque escondeste essas coisas aos sábios e inteligentes, e as revelaste aos pequeninos. Sim, Pai, porque assim foi do teu agrado. Meu Pai entregou tudo a mim. Ninguém conhece o Filho a não ser o Pai, e ninguém conhece o Pai, a não ser o Filho e aquele a quem o Filho o quiser revelar'."

— Palavra da Salvação.

4. Momento de silêncio e adoração

5. Preces

D.: Confiando na misericórdia do Senhor, a ele rendemos graças e entregamos nossos pedidos, dizendo:

T.: Nós vos damos graças, Senhor!
L.1: Senhor, nós vos rendemos graças por todas as criaturas da face da terra.
T.: Nós vos damos graças, Senhor!
L.2: Senhor, nós vos bendizemos pelo presente eterno de vosso Filho, que veio para salvar a humanidade.
T.: Nós vos damos graças, Senhor!
L.1: Senhor, nós vos glorificamos pelo presen-

te maior de vosso amor, que é a eucaristia, fonte de toda graça.

T.: Nós vos damos graças, Senhor!

L.2: Senhor, nós vos adoramos do íntimo de nosso nada, por tudo o que nos dais através deste Pão que alimenta nossa fé.

T.: Nós vos damos graças, Senhor!

D.: Senhor, em vossa providência acreditamos e a ela confiamos nossa oração, como forma de agradecer sempre vosso imenso amor. Por Cristo, nosso Senhor.

T.: Amém.

6. Canto para adoração ao Ss. Sacramento
(p. 53-63)

7. Rezando ao Senhor
Rezar *1 Pai-nosso, 3 Ave-Marias, 1 Glória ao Pai*

8. Antífona

Graças e louvores se deem a todo momento!
Ao Santíssimo e Diviníssimo Sacramento.

9. Oração

Senhor Jesus Cristo, que para derramar sobre os homens as riquezas de vosso amor instituístes a Eucaristia e o Sacerdócio, concedei-nos amar ardentemente vossos dons. Vós que sois Deus, com o Pai, na unidade do Espírito Santo. Amém.

10. Oração final *(p. 4)*

4º Dia

EUCARISTIA, BANQUETE DA NOVA ALIANÇA

1. Meditando

A eucaristia recolhe, lembra e atualiza aquelas refeições que Jesus celebrava com seus discípulos, na Galileia, durante sua missão: as refeições de reconciliação com os pecadores e publicanos; as outras refeições com os famintos ao multiplicar o pão; as ceias pascais celebradas por Ele em sua vida terrena; a ceia da despedida antes de morrer, e os banquetes jubilosos depois de sua ressurreição, em torno de sua pessoa já glorificada.

2. Canto Eucarístico *(p. 53-63)*

3. Leitura Bíblica
(Mt 15,32-39)

"Jesus chamou seus discípulos, e disse: 'Tenho compaixão dessa multidão, porque já faz três dias que está comigo, e não tem nada para comer. Não quero mandá-los embora sem comer, para que não desmaiem pelo caminho'. Os discípulos disseram: 'Onde vamos buscar, nesse deserto, tantos pães para matar a fome de tão grande multidão?' Jesus perguntou: 'Quantos pães vocês têm?' Eles responderam: 'Sete, e alguns peixinhos'.

Jesus mandou que a multidão se sentasse no chão. Depois pegou os sete pães e os peixes, agradeceu, os partiu, e ia dando aos discípulos, e os discípulos para as multidões. Todos comeram, e ficaram satisfeitos. E encheram sete cestos com os pedaços que sobraram. Os que tinham comido eram quatro mil homens, sem contar mulheres e crianças. Tendo despedido as multidões, Jesus subiu na barca, e foi para o território de Magadã."

— Palavra da Salvação.

4. Momento de silêncio e adoração

5. Preces

D.: Roguemos ao Senhor, que nos abriu o caminho da nova vida através do banquete eucarístico, e digamos:

T.: Felizes os convidados ao banquete da nova aliança.

L.1: Cristo, sacerdote da nova e eterna aliança, que no altar da cruz oferecestes ao Pai um sacrifício perfeito, ensinai-nos a oferecer convosco esse sacrifício santo.

T.: Felizes os convidados ao banquete da nova aliança.

L.2: Cristo, verdadeiro adorador do Pai, que do nascer ao pôr-do-sol é oferecido pela Igreja como uma oblação pura, congregai na unidade de vosso corpo os que saciais com o mesmo pão eucarístico.

T.: Felizes os convidados ao banquete da nova aliança.

L.1: Cristo, maná descido do céu, que alimentais a Igreja com o vosso corpo e o vosso sangue, fortificai-nos na caminhada para o Pai.

T.: Felizes os convidados ao banquete da nova aliança.

L.2: Cristo, que estais à porta e bateis, entrai e vinde sentar à nossa mesa.

T.: Felizes os convidados ao banquete da nova aliança.

D.: Acolhei, Senhor, em teu banquete celeste, estas nossas preces que fazemos por nós em favor de toda a Igreja. Por Cristo, Senhor nosso.
T.: Amém.

6. Canto para adoração ao Ss. Sacramento
(p. 53-63)

7. Rezando ao Senhor
Rezar *1 Pai-nosso*, *3 Ave-Marias*, *1 Glória ao Pai*.

8. Antífona

Graças e louvores se deem a todo momento!
Ao Santíssimo e Diviníssimo Sacramento.

9. Oração

Senhor Jesus Cristo, que para derramar sobre os homens as riquezas de vosso amor instituístes a Eucaristia e o Sacerdócio, concedei-nos amar ardentemente vosso coração e usar dignamente vossos dons. Vós que sois Deus com o Pai, na unidade do Espírito Santo.
T.: Amém.

10. Oração final *(p. 4)*

5° Dia

EUCARISTIA, O PÃO E O VINHO DO CÉU

1. Meditando

Consequência direta das desigualdades sociais, a fome é atualmente um dos problemas mais graves e urgentes da humanidade. É uma calamidade social, efeito e causa da miséria em que vivem milhões de seres humanos no mundo. Normalmente, produzem-se mais tensões nas regiões subalimentadas que nas de alto nível de vida. Precisamente em razão da exploração dos povos subdesenvolvidos, existe uma perigosa e injusta corrida armamentista. Vivemos, no plano planctário, uma economia de guerra; de saciedade, não de fome, de abundância, não de escassez... Dar pão e água aos irmãos é um imperativo bíblico fundamental. Alimentar o faminto e dar de beber a quem tem sede é um dever básico do discípulo de Cristo. Nesse gesto reside o juízo de Deus. A fome e a sede de Deus são símbolos da fé que clamam à caridade. Jesus sacia a sede e alivia a fome, ao mesmo tempo em que suscita outros desejos profundos: da água viva, que é seu Espírito, e do pão verdadeiro, que é Ele mesmo.

2. Canto Eucarístico *(p. 53-63)*

3. Leitura Bíblica
(Jo 6,46-50)

"Não que alguém já tenha visto o Pai. O único que viu o Pai é aquele que vem de Deus. Eu garanto a vocês: quem acredita possui a vida eterna. Eu sou o pão da vida. Os pais de vocês comeram o maná no deserto e, no entanto, morreram. Eis aqui o pão que desceu do céu: quem dele comer nunca morrerá."
— Palavra da Salvação.

4. Momento de silêncio e adoração

5. Preces

D.: Cristo nos convida a todos para a ceia em que entrega seu corpo e sangue pela vida do mundo. Peçamo-lhe com amor e confiança:

T.: Cristo, pão do céu, dai-nos a vida eterna!

L.1: Cristo, Filho de Deus vivo, que nos mandastes celebrar a ceia eucarística em memória de vós, fortalecei a Igreja com a fiel celebração de vossos mistérios.

T.: Cristo, pão do céu, dai-nos a vida eterna!

L.2: Cristo, sacerdote único do Deus Altíssimo, que confiastes aos sacerdotes a oferenda da eucaristia, fazei que eles realizem em suas vidas o que celebram no sacramento.

T.: Cristo, pão do céu, dai-nos a vida eterna!

L.1: Cristo, maná descido do céu, que reunis num só corpo todos os que participam do mesmo pão, conservai na paz e na concórdia aqueles que creem em vós.

T.: Cristo, pão do céu, dai-nos a vida eterna!

L.2: Cristo, médico celeste, que no pão da vida nos ofereceis o remédio da imortalidade e o penhor da ressurreição, dai saúde aos doentes e pão aos que têm fome.

T.: Cristo, pão do céu, dai-nos a vida eterna!

D.: Acolhei, ó Pai de bondade, as preces que pedimos por vosso Filho Jesus Cristo, que vive e reina convosco na unidade do Espírito Santo.
T.: Amém.

6. Canto para adoração ao Ss. Sacramento
(p. 53-63)

7. Rezando ao Senhor
Rezar *1 Pai-nosso*, *3 Ave-Marias*, *1 Glória ao Pai*.

8. Antífona

Graças e louvores se deem a todo momento!
Ao Santíssimo e Diviníssimo Sacramento.

9. Oração

Senhor Jesus Cristo, que para derramar sobre os homens as riquezas de vosso amor instituístes a Eucaristia e o Sacerdócio, concedei-nos amar ardentemente vosso coração e usar dignamente vossos dons. Vós que sois Deus com o Pai, na unidade do Espírito Santo.
T.: Amém.

10. Oração final *(p. 4)*

6º Dia

EUCARISTIA, MISTÉRIO DE FÉ

1. Meditando

A Igreja recebeu a eucaristia de Cristo, seu Senhor, não como um dom, embora precioso, entre muitos outros, mas como o dom por excelência, porque dom dele mesmo, de sua pessoa na humanidade sagrada, e também de sua obra de salvação. Esta não fica circunscrita ao passado, pois "tudo o que Cristo é, tudo o que fez e sofreu por todos os homens, participa da eternidade divina, e assim transcende todos os tempos e em todos se torna presente".

Quando a Igreja celebra a Eucaristia, memorial da morte e ressurreição de seu Senhor, este acontecimento central de salvação torna-se realmente presente e realiza-se também a obra de nossa redenção. Este sacrifício é tão decisivo para a salvação do gênero humano que Jesus Cristo realizou-o e só voltou ao Pai depois de nos ter deixado o meio para dele participarmos como se tivéssemos estado presentes. Assim cada fiel pode tomar parte nela, alimentando-se de seus frutos inexauríveis. Essa é a fé que as gerações cristãs viveram ao longo dos séculos, e que o magistério da Igreja tem continuamente reafirmado com jubilosa gratidão por dom tão inestimável. É assim que nós nos colocamos diante deste mistério da fé, em adoração, mistério de misericórdia. Que mais poderia Jesus ter feito por nós? Verdadeiramente, na eucaristia, demonstra-nos um amor levado até o "extremo" (cf. Jo 13,1), um amor sem medida.

2. Canto Eucarístico *(p. 53-63)*

3. Leitura Bíblica
(Jo 13, 12-17)

"Depois de lavar os pés dos discípulos, Jesus vestiu o manto, sentou-se de novo e perguntou: Vocês compreenderam o que acabei de fazer? Vocês dizem que eu sou o Mestre e o Senhor. E vocês têm razão; eu sou mesmo. Pois bem: eu, que sou o Mestre e Senhor, lavei os seus pés; por isso vocês devem lavar os pés uns dos outros. Eu lhes dei um exemplo: vocês devem fazer a mesma coisa que eu fiz. Eu garanto a vocês: o servo não é maior do que seu senhor, nem o mensageiro é maior do que aquele que o enviou. Se vocês compreenderam isso, serão felizes se o puserem em prática."

— Palavra da Salvação.

4. Momento de silêncio e adoração

5. Preces

D.: Louvemos a Jesus, que para conceder a todos as riquezas de seu amor instituiu o sacramento da eucaristia, o mistério de nossa fé, e o invoquemos:

T.: Eu creio, Senhor, mais aumentai minha fé.

L.1: Senhor Jesus, pão vivo descido do céu, que destes vossa carne para a vida do mundo, concedei que vosso povo seja fiel à celebração de vosso mistério.

T.: Eu creio, Senhor, mais aumentai minha fé.

L.2: Senhor Jesus, fonte de todas as vocações, renovai em vossos ministros, participantes do vosso sacerdócio eterno, a graça que lhes foi concedida pela imposição das mãos.

T.: Eu creio, Senhor, mais aumentai minha fé.

L.1: Senhor Jesus, trigo dos eleitos e vinho que gera a esperança, enriquecei vossa Igreja com a multidão de vocacionados dispostos a sacrificar a própria vida por vós e pelos irmãos.

T.: Eu creio, Senhor, mais aumentai minha fé.

L.2: Senhor Jesus, que na eucaristia nos dais o penhor da vida futura, excitai nos corações dos homens a esperança dos bens eternos.

T.: Eu creio, Senhor, mais aumentai minha fé.

D.: Escutai, Senhor, estes nossos pedidos que depositamos no infinito de seu amor e atendei-nos. Por Cristo, nosso Senhor.

T.: Amém.

6. Canto para adoração ao Ss. Sacramento
(p. 53-63)

7. Rezando ao Senhor
Rezar *1 Pai-nosso*, *3 Ave-Marias*, *1 Glória ao Pai*.

8. Antífona

Graças e louvores se deem a todo momento!
Ao Santíssimo e Diviníssimo Sacramento.

9. Oração

Senhor Jesus Cristo, que para derramar sobre os homens as riquezas de vosso amor instituístes a Eucaristia e o Sacerdócio, concedei-nos amar ardentemente vosso coração e usar dignamente vossos dons. Vós que sois Deus com o Pai, na unidade do Espírito Santo.
T.: Amém.

10. Oração final *(p. 4)*

7º Dia

EUCARISTIA, ALIMENTO E FONTE DA MISSÃO

1. Meditando

Do mistério Pascal nasce a Igreja, da Igreja nasce a missão e essa missão é alimentada com o pão eucarístico. Por isso mesmo, a Eucaristia, que é o sacramento por excelência do mistério pascal, está colocada no centro da vida eclesial. Isso é visível desde as primeiras imagens da Igreja que nos dão os Atos dos Apóstolos: "Eles eram perseverantes em ouvir o ensinamento dos apóstolos, na comunhão fraterna, na fração do pão e nas orações" (2,42). Na "fração do pão" é evocada a eucaristia. Dois mil anos depois continuamos a realizar aquela mesma imagem primordial da Igreja. E, ao fazê-lo na celebração eucarística, os olhos da alma voltam-se para o Tríduo Pascal: para o que se realizou na noite de Quinta-feira Santa, durante a Última Ceia, e nas horas sucessivas. De fato, a instituição da eucaristia antecipa sacramentalmente os acontecimentos que teriam lugar pouco depois, a começar pela agonia no Getsêmani. Teriam os apóstolos, que tomaram parte na Última Ceia, entendido o significado das palavras saídas dos lábios de Cristo? Talvez não. Aquelas palavras seriam esclarecidas plenamente só no fim do Tríduo Pascal. Nesses dias está contido o mistério pascal; neles está incluído também o mistério eucarístico, o alimento que nos lança para a missão.

2. Canto Eucarístico *(p. 53-63)*

3. Leitura Bíblica
(At 2,42-45)

"Eram perseverantes em ouvir os ensinamentos dos apóstolos, na comunhão fraterna, no partir o pão e nas orações. Em todos eles havia temor, por causa dos numerosos prodígios e sinais que os apóstolos realizavam. Todos os que abraçaram a fé eram unidos e colocavam em comum todas as coisas; vendiam suas propriedades e seus bens e repartiam o dinheiro entre todos, conforme a necessidade de cada um."

— Palavra do Senhor.

4. Momento de silêncio e adoração

5. Preces

D.: Unidos ao Cristo eucarístico, sempre pronto a interceder por nós, queremos agora pedir por nossas necessidades.

T.: Eucaristia, pão da vida e alimento na missão.

L.1: Pela Igreja, espalhada por toda a terra, para que persevere na fé, na missão e nos ensinamentos dos Apóstolos, rezemos ao Senhor.

T.: Eucaristia, pão da vida e alimento na missão.

L.2: Pelos apóstolos leigos, em todos os seus ministérios, para que Deus os faça testemunhas de seu Filho Jesus Cristo em seu serviço ministerial, rezemos ao Senhor.

T.: Eucaristia, pão da vida e alimento na missão.

L.1: Para que Deus faça surgir, no meio de seu povo, muitas pessoas que tenham a coragem de se dedicar aos irmãos mais necessitados, rezemos ao Senhor.

T.: Eucaristia, pão da vida e alimento na missão.

L.2: Por todos os missionários e missionárias do mundo, para que sempre sintam a força e a esperança na eucaristia que é a força de suas caminhadas, rezemos ao Senhor.

T.: Eucaristia, pão da vida e alimento na missão.

D.: Atendei, ó Pai, através de vosso Filho, o Pão vivo descido do céu, os pedidos que vos apresentamos. Pelo mesmo Cristo, na unidade do Espírito Santo.

T.: Amém.

6. Canto para adoração ao Ss. Sacramento
(p. 53-63)

7. Rezando ao Senhor
Rezar *1 Pai-nosso, 3 Ave-Marias, 1 Glória ao Pai.*

8. Antífona

Graças e louvores se deem a todo momento!
Ao Santíssimo e Diviníssimo Sacramento.

9. Oração

Senhor Jesus Cristo, que para derramar sobre os homens as riquezas de vosso amor instituístes a Eucaristia e o Sacerdócio, concedei-nos amar ardentemente vosso coração e usar dignamente vossos dons. Vós que sois Deus com o Pai, na unidade do Espírito Santo.
T.: Amém.

10. Oração final *(p. 4)*

8° Dia

EUCARISTIA, VINHA DE RAMOS VIVOS

1. Meditando

Nos tempos de Jesus, a Palestina era um país rico em vinhedos. Cada videira é um tronco vigoroso que sustenta alguns ramos vivos e produz frutos. Os sarmentos, ou ramos secos, sem valor, são queimados; os ramos que produzem frutos são podados para que deem mais frutos. A videira simboliza a vida e a abundância. Para os profetas, a vinha é sinal do povo eleito, objeto do amor e da solicitude de Deus, que espera obter bons frutos mas que, entretanto, só colhe uvas silvestres. Isaías cantou o poema da vinha (5,1-7), indicando a ingratidão de Israel ante as atenções de Javé. Ezequiel pensa que só serve para o fogo. No salmo 80 espera-se que a vinha do Senhor dê frutos novamente. Jesus é a verdadeira videira, que derrama seu sangue na cruz.

Na eucaristia, o vinho se transforma em sangue de Cristo. Os cristãos são os ramos vivos da vinha nova, que é Cristo.

2. Canto Eucarístico *(p. 53-63)*

3. Leitura Bíblica
(Jo 15,1-10)

"Eu sou a videira verdadeira, e meu Pai é o agricultor. Todo ramo que não dá fruto em mim, o Pai corta. Os ramos que dão fruto, ele os poda para que deem mais frutos ainda. Vocês já estão limpos por causa da palavra que eu vos falei. Fiquem unidos a mim, eu ficarei unido a vocês. O ramo que não fica unido à videira não pode dar frutos. Vocês também não poderão dar frutos, se não ficarem unidos a mim. Eu sou a videira, e vocês são os ramos. Quem fica unido a mim, e eu a ele, dará muito fruto, porque sem mim vocês não podem fazer nada. Quem não fica unido a mim será jogado fora como ramo, e secará. Esses ramos são ajuntados, jogados no fogo e queimados. Se vocês ficam unidos a mim e minhas palavras permanecem em vocês, peçam o que quiserem e será concedido a vocês. A glória de meu Pai se manifesta quando vocês dão muitos frutos e se tornam meus discípulos. Assim como meu Pai me amou, eu também amei vocês: permaneçam no meu amor. Se vocês obedecem aos meus mandamentos, permanecerão no meu amor, assim como eu obedeci aos mandamentos do meu Pai e permaneço no seu amor."

— Palavra da Salvação.

4. Momento de silêncio e adoração

5. Preces

D.: Rendamos a devida glória a Cristo, constituído Pontífice em favor dos homens em suas relações com Deus, e peçamo-lhe humildemente:

T.: Pastor do rebanho, conduzi vosso povo.

L.1: Fizestes resplandecer vossa Igreja por meio de santos e pastores, que os cristãos se alegrem sempre com o mesmo entusiasmo, rezemos.

T.: Pastor do rebanho, conduzi vosso povo.

L.2: Tendo escolhido a muitos para o serviço ministerial, continuai conduzindo vossa vinha, e que o mesmo Espírito Santo inspire aqueles que disseram sim ao vosso chamado, rezemos.

T.: Pastor do rebanho, conduzi vosso povo.

L.1: Pelos apóstolos leigos, para que Deus os faça testemunhas de seu Filho, Bom Pastor, no ambiente em que vivem e trabalham, rezemos.

T.: Pastor do rebanho, conduzi vosso povo.

L.2: Pelo aumento das vocações sacerdotais, missionárias e religiosas e pela graça de todos os cristãos viverem na perseverança, rezemos.

T.: Pastor do rebanho, conduzi vosso povo.

D.: Recebei, Senhor, os pedidos de vossa pequena vinha, para que sejamos conservados em vosso amor. Por Cristo, Senhor nosso.

T.: Amém.

6. Canto para adoração ao Ss. Sacramento
(p. 53-63)

7. Rezando ao Senhor
Rezar 1 Pai-nosso, 3 Ave-Marias, 1 Glória ao Pai.

8. Antífona

Graças e louvores se deem a todo momento!
Ao Santíssimo e Diviníssimo Sacramento.

9. Oração

Senhor Jesus Cristo, que para derramar sobre os homens as riquezas de vosso amor instituístes a Eucaristia e o Sacerdócio, concedei-nos amar ardentemente vosso coração e usar dignamente vossos dons. Vós que sois Deus, com o Pai, na unidade do Espírito Santo. Amém.

10. Oração final *(p. 4)*

9º Dia

EUCARISTIA E MARIA

1. Meditando

"Fazei isto em memória de mim" (Lc 22,19). No memorial do calvário está presente tudo o que Cristo realizou em sua paixão e morte. Por isso, não pode faltar o que Cristo fez para com sua Mãe em nosso favor. De fato, entrega-lhe o discípulo predileto e, nele, entrega cada um de nós: "Eis aí teu filho". E de igual modo diz a cada um de nós: "Eis aí tua Mãe" (cf. Jo 19,26-27). Viver o memorial da morte de Cristo na eucaristia implica também receber continuamente este dom. Significa ao mesmo tempo assumir o compromisso de nos conformarmos com Cristo, entrando na escola da Mãe e aceitando sua companhia. Maria está presente, com a Igreja e como Mãe da Igreja, em cada uma das celebrações eucarísticas. Se Igreja e Eucaristia são binômios indivisíveis, o mesmo é preciso afirmar do binômio Maria e Eucaristia.

Por isso mesmo, desde a antiguidade é unânime nas Igrejas do Oriente e do Ocidente a recordação de Maria na celebração eucarística. Na eucaristia, a Igreja une-se plenamente a Cristo e a seu sacrifício, com o mesmo espírito de Maria. Pode-se aprofundar essa verdade relendo o Magnificat em perspectiva eucarística. De fato, como o cântico de Maria, também a Eucaristia é primariamente louvor e ação de graças. Quando exclama: "Minha alma glorifica ao Senhor e meu espírito exulta de alegria em Deus, meu Salvador", Maria traz em seu ventre Jesus. Louva o Pai "por" Jesus, mas louva-o também "em" Jesus e "com" Jesus. É nisso precisamente que consiste a verdadeira "atitude eucarística".

2. Canto Eucarístico

3. Leitura Bíblica
(Lc 1,46-55)

"Então Maria disse: 'Minha alma proclama a grandeza do Senhor, meu espírito se alegra em Deus, meu Salvador, porque olhou para a humildade de sua serva. Doravante todas as gerações me felicitarão, Porque o todo-poderoso realizou grandes obras em meu favor: Seu nome é santo, e sua misericórdia chega aos que o temem, de geração em geração. Ele realiza proezas com seu braço: Dispersa os soberbos de coração, derruba do trono os poderosos e eleva os humildes; aos famintos enche de bens, e despede os ricos de mãos vazias. Socorre Israel, seu servo, lembrando-se de sua misericórdia — conforme prometera aos nossos pais — em favor de Abraão e de sua descendência para sempre".

— Palavra da Salvação.

4. Momento de silêncio e adoração

5. Preces

D.: Proclamamos a grandeza de Deus Pai, Ele quis que Maria, Mãe de seu Filho, fosse celebrada por todas as gerações. Peçamos humildemente.
T.: Mãe da Eucaristia, rogai por nós.
L.1: Deus, autor de tantas maravilhas, que fizestes a Imaculada Virgem Maria participar em

corpo e alma da glória celeste de Cristo, conduzi para a mesma glória os corações de vossos filhos e filhas. Rezemos.

T.: Mãe da Eucaristia, rogai por nós.

L.2: Vós, que nos destes Maria por mãe, concedei, por sua intercessão, saúde aos doentes, consolo aos tristes, perdão aos pecadores, e a todos a salvação e a paz, rezemos.

T.: Mãe da Eucaristia, rogai por nós.

L.1: Vós, que fizestes de Maria a cheia de graça, concedei a todos a abundância de vossa graça, rezemos.

T.: Mãe da Eucaristia, rogai por nós.

L.2: Fazei, Senhor, que vossa Igreja seja, na caridade, um só coração e uma só alma, e que todos os fiéis perseverem unânimes na oração com Maria, Mãe de Jesus, rezemos.

T.: Mãe da Eucaristia, rogai por nós.

D.: Acolhei, ó Pai de bondade, os pedidos que aqui fizemos, pela intercessão de Maria, Mãe da Eucaristia, pelo mesmo Cristo, nosso Senhor. Amém.

6. Canto para adoração ao Ss. Sacramento
(p. 53-63)

7. Rezando ao Senhor

Rezar *1 Pai-nosso*, *3 Ave-Marias*, *1 Glória ao Pai*.

8. Antífona

Graças e louvores se deem a todo momento!
Ao Santíssimo e Diviníssimo Sacramento.

9. Oração

Senhor Jesus Cristo, que para derramar sobre os homens as riquezas de vosso amor instituístes a Eucaristia e o Sacerdócio, concedei-nos amar ardentemente vosso coração e usar dignamente vossos dons. Vós, que sois Deus com o Pai, na unidade do Espírito Santo. Amém.

10. Oração final *(p. 4)*

BÊNÇÃO DO SANTÍSSIMO SACRAMENTO

1. Exposição do Santíssimo

2. Canto de Adoração

3. Momento de adoração e silêncio

4. Cântico: Tão Sublime Sacramento

Tão sublime sacramento, adoremos neste altar, pois o Antigo Testamento deu ao Novo seu lugar! Venha a fé por suplemento, os sentidos completar.
Ao eterno Pai, cantemos, e a Jesus, o Salvador. Ao Espírito exaltemos, na Trindade eterno amor. Ao Deus Uno e Trino demos, a alegria do louvor. Amém.

Do céu lhes deste o pão!
Que contém todo sabor!

Oremos: Deus, que neste admirável sacramento nos deixastes o memorial de vossa paixão, concedei-

-nos tal veneração pelos sagrados mistérios do vosso Corpo e do vosso Sangue, que experimentemos sempre em nós a sua eficácia redentora. Vós, que viveis e reinais pelos séculos dos séculos. Amém.

5. Bênção
(O Sacerdote reza, mostrando à comunidade o Santíssimo Sacramento:)

"Deus vos abençoe e vos guarde!
Que Ele vos ilumine com a luz da sua face e vos seja favorável!
Que Ele vos mostre o seu rosto e vos traga a paz" (Nm 6,24-26).
Que Ele vos dê a saúde do corpo e da alma.

(O Sacerdote ergue mais o Santíssimo e eleva a voz ou canta:)

Nosso Senhor Jesus Cristo esteja perto de vós para vos defender;
Esteja em vosso coração para vos conservar;
Que Ele seja vosso guia para vos conduzir;
Que vos acompanhe para vos guardar;

Olhe por vós e sobre vós derrame a sua bênção!
Ele, que vive com o Pai, na unidade do Espírito Santo. Amém.
(Segue-se a bênção com o Santíssimo)

6. Oração

Bendito seja Deus.
Bendito seja o seu santo nome.
Bendito seja Jesus Cristo, verdadeiro Deus
   e verdadeiro Homem.
Bendito seja o nome de Jesus.
Bendito seja o seu sacratíssimo Coração.
Bendito seja o seu preciosíssimo Sangue.
Bendito seja Jesus no Santíssimo Sacramento
   do altar.
Bendito seja o Espírito Santo Paráclito.
Bendita seja a grande Mãe de Deus Maria
   Santíssima.
Bendita seja a sua santa e imaculada Conceição.
Bendita seja a sua gloriosa Assunção.
Bendito seja o nome de Maria, Virgem e Mãe.
Bendito seja São José, seu castíssimo esposo.
Bendito seja Deus nos seus anjos e nos seus santos.

Deus e Senhor nosso, protegei a vossa Igreja,/ dai-lhe santos pastores e dignos ministros./ Derramai as vossas bênçãos/ sobre o nosso santo Padre, o Papa,/ sobre o nosso Bispo (Arcebispo),/ sobre o nosso Pároco e todo o clero;/ sobre o chefe da Nação e do Estado/ e sobre todas as pessoas/ constituídas em dignidade,/ para que governem com justiça./ Dai ao povo brasileiro/ paz constante/ e prosperidade completa./ Favorecei,/ com os efeitos contínuos/ de vossa bondade,/ o Brasil,/ este Bispado (Arcebispado),/ a Paróquia em que habitamos/ e a cada um de nós,/ em particular,/ e a todas as pessoas/ por quem somos obrigados a orar,/ ou que se recomendaram/ às nossas orações./ Tende misericórdia/ das almas dos fiéis/ que padecem no purgatório;/ dai-lhes, Senhor,/ o descanso e a luz eterna.

(1 Pai-nosso, 1 Ave-Maria, 1 Glória ao Pai)

Antífona:
Graças e louvores se deem a todo momento.
Ao Santíssimo e Diviníssimo Sacramento.

Cantos para a novena

1. Venham todos para a ceia do Senhor !
(14º CEN)

Venham, venham todos, para a Ceia do Senhor!/ Casa iluminada, mesa preparada, com paz e amor,/ porta sempre aberta, Pai amigo, aguardando, acolhedor./ Vem do alto, por Maria,/ este Pão que vai nos dar./ Pão dos anjos – quem diria!/ Nos fará ressuscitar!

1. Canta a Igreja o Sacrifício/ que, na Cruz, foi seu início!/ E, antes, Jesus quis se entregar/ Corpo e Sangue em alimento,/ precioso testamento!/ Como não nos alegrar?!

2. Para a fonte "Eucaristia"/ vai sedenta a romaria,/ volta em missão de transformar/ cada um e todo o povo,/ construindo um mundo novo./ Como não nos alegrar?!

3. Com a Solidariedade/ renovar a sociedade,/ pela justiça e paz lutar./ Vendo o pão em cada mesa,/ vida humana com nobreza,/ como não nos alegrar?!

4. A assembleia manifesta:/ a Eucaristia é festa!/ Somos irmãos a celebrar./ Povo santo e penitente,/ que se encontra sorridente./ Como não nos alegrar?!

5. Pão é Carne verdadeira,/ vinho é sangue da videira!/ Possa tal fé se aprofundar!/ Se o mistério é incompreensível,/ nossa fé diz que é possível./ Como não nos alegrar?!

6. Cristo vive, se oferece,/ intercede, escuta a prece,/ em toda a terra quer morar./ Por amor é prisioneiro,/ nos aguarda o dia inteiro./ Como não nos alegrar?!

7. Pode haver amor no mundo/ tão real e tão profundo/ Como se viu Jesus provar?/ Ele ensina e nos convida:/ ofertemos nossa vida!/ Como não nos alegrar?!

2. Eis Jesus, o pão da vida
(M.L. Prof. Saraiva)

1. Eis Jesus, o pão da vida,/ imolado neste altar,/ nosso pão de cada dia,/ para o nosso caminhar!

Tomai, comei,/ meu corpo e sangue que vos dou:/ eu sou o pão da vida,/ Deus fiel, Deus de amor! (bis)

2. Nesta santa Eucaristia,/ Deus nos mostra o seu caminho;/ quer a nossa comunhão/ neste pão e neste vinho.

3. Vem, Jesus ser alimento,/ pra vivermos teu amor!/ Nossa força e sustento,/ és somente Tu, Senhor!

4. Precisamos de tua força,/ vem, Jesus, nos redimir./ Vem, inspira os que têm tanto:/ que eles saibam repartir!

5. Obrigado, meu Senhor,/ pela santa comunhão!/ Nesta mesa da partilha/ quero amar o meu irmão!

3. A força da Eucaristia
(M.L. Ir. Miria T. Kolling)

1. Quando te domina o cansaço,/ e já não puderes dar um passo,/ quando o bem ao mal ceder,/ e tua vida não quiser/ ver um novo amanhecer. Levanta-te...

Levanta-te e come!:/ Que o caminho é longo,/ caminho é longo!

2. Eu sou teu alimento,/ ó caminheiro,/ eu sou o pão da vida verdadeiro!/ Te faço caminhar, vale e monte atravessar,/ pela Eucaristia,/ Eucaristia! Levanta-te...

3. Quando te perderes no deserto,/ e a morte então sentires perto,/ sem mais forças pra subir,/ sem coragem de assumir/ o que Deus de ti pedir: Levanta-te...

4. Quando a dor, o medo, a incerteza,/ tentam apagar tua chama acesa/ e tirar do coração a alegria e a paixão/ de lutar, não ser em vão: Levanta-te...

4. Me chamaste para caminhar

1. Me chamaste para caminhar na vida contigo,/ decidi para sempre seguir-te, não voltar atrás./ Me puseste uma brasa no peito e uma flecha na alma,/ é difícil agora viver sem lembrar-me de Ti.

Te amarei, Senhor, te amarei, Senhor,/ eu só encontro a paz e a alegria/ bem perto de Ti. (bis).

2. Eu pensei muitas vezes calar e não dar nem resposta,/ eu pensei na fuga esconder-me, ir longe de Ti./ Mas tua força venceu e ao final eu fiquei seduzido,/ é difícil agora viver sem saudades de Ti.

3. Ó Jesus, não me deixes jamais caminhar solitário,/ pois conheces a minha fraqueza e o meu coração./ Vem, ensina-me a viver a vida na tua presença,/ no amor dos irmãos, na alegria, na paz, na união.

5. O corpo que era dele

1. A farinha molhada na água é o pão, a farinha molhada na fé é Jesus. Eis o sonho que o mundo não quis entender. Quem não comer, não viverá.

O corpo que era dele eu comerei agora,/ o sangue que era dele meu será./ A vida que era dele eu viverei agora./ O sonho que era dele meu será.

2. Muita uva amassada no pé é o vinho, muita uva amassada na fé é Jesus. Eis o sonho que o mundo não quis entender. Quem não beber, não viverá.

6. Jesus Cristo está realmente

1. Jesus Cristo está realmente/ de dia e de noite presente no altar,/ esperando que cheguem as almas,/ ansiosas, ferventes, para o visitar.

Jesus, nosso Deus, Jesus, redentor,/ nós te adoramos na eucaristia,/ Jesus de Maria, Jesus, rei de amor.

2. Que Jesus morre misticamente/ na missa sagrada é dogma de fé;/ cada dia milhares de vezes/ Jesus se oferece por nós, sua grei.

3. Brasileiros, quereis que esta pátria/ tão grande e tão bela seja perenal?/ Comungai, comungai, todo dia,/ a eucaristia é vida imortal.

4. Cristo rei, ó Senhor dos senhores,/ um dia na terra só Tu reinarás;/ venha a nós, venha logo o teu reino/ de vida e verdade, de amor e de paz.

7. Eu quisera
(Francisca Butler)

1. Eu quisera, Jesus adorado, teu sacrário de amor rodear de almas puras, florinhas mimosas, perfumando teu Santo Altar.

O desejo de ver-te adorado, tanto invade o meu coração, que eu quisera estar noite e dia a teus pés em humilde oração.

2. Pelas almas, as mais pecadoras, eu te peço, Jesus, o perdão; dá-lhes todo amor e carinho, todo o afeto do meu coração.

3. Pelas almas que não te conhecem, eu quisera, Jesus, só te amar; e daqueles que de ti se esquecem, as loucuras também reparar.

4. E se um dia, meu Jesus amado, meu desejo se realizar, hei de amar-te por todos aqueles que, Jesus, não querem te amar.

7. O amor de Deus

1. O amor de Deus se mostra em pleno sol,/ flore o jardim, dá vida ao beija-flor!/ Brinca no mar e as nuvens põe no céu,/ pra me dizer:/: "Grande é teu valor!":/

2. O amor de Deus vem antes e depois,/ e vai além dos sonhos que aprendi,/ não se desfaz nem mesmo ao dizer não./ É a luz que diz:/: Filho, é por aqui!:/ o amor de Deus renova os corações,/ fala de paz, reparte sempre o pão,/ fere o temor, enfrenta os desafios,/ me faz dizer:/: Tudo bem, irmão!:/

3. O amor de Deus compõe e recompõe,/ estende a mão, jamais exclui alguém;/ frente ao rancor, se firma no perdão,/ fazendo ver:/: Eu te quero bem!:

8. Obrigado, Senhor...

1. Obrigado, Senhor, porque és nosso amigo,/ porque sempre contigo, eu posso falar;/ no perfume das flores, na harmonia das cores/ e no mar que murmura o teu nome a rezar.

Escondido tu estás no verde das florestas,/ nas aves em festa, no sol a brilhar;/ na sombra que abriga, na brisa amiga,/ e na fonte que corre ligeira a cantar.

2. Agradeço-te ainda porque na alegria,/ ou na dor de cada dia, posso te encontrar./ Quando a dor me consome, murmuro teu nome/ e, mesmo sofrendo, eu posso cantar.

9. A ti, meu Deus...

1. A ti, meu Deus, elevo o meu coração,/ elevo as minhas mãos, meu olhar, minha voz./ A ti, meu Deus, eu quero oferecer/ meus passos e meu viver, meus caminhos, meu sofrer.

A tua ternura, Senhor, vem me abraçar,/ e a tua bondade infinita me perdoar./ Vou ser o teu seguidor e te dar o meu coração,/ eu quero sentir o calor de tuas mãos.

2. A ti, meu Deus, que é bom e tens amor,/ ao pobre e ao sofredor vou servir e esperar./ Em ti, Senhor, humildes se alegrarão,/ cantando a nova canção de esperança e de paz.

10. Rosário do Santíssimo
(Sto. Afonso Maria de Ligório)

Meu louvor, a cada momento./
A Jesus no Sacramento!
Hoje e sempre seja louvado
Meu Jesus sacramentado!/
Jesus amabilíssimo.
Que a todos nós amais.

10. Aos pés do sacrário
(Sto. Afonso Maria de Ligório)

1. Felizes flores, vós que noite e dia/ pertinho sempre estais do meu amado!:/ Oh! Não o abandoneis até que um dia/ termine vossa vida aqui a seu lado:/ Oh! pudesse eu fazer de moradia/ o templo que por vós é perfumado:/ Que ventura teria e quanta sorte,/ aos pés de minha vida achar:/

2. Ditosos círios, vós que estais ardentes/ honrando a vosso e meu Senhor querido:/ Ah! Como vós quisera ver somente/ meu coração em chamas convertido:/ Todo ardendo convosco juntamente,/ de imenso amor no incenso consumido:/ Com que ardores da mais pura alegria,/ Co'a vossa a minha sorte eu trocaria:/

3. Sagrado vaso, é Tu mais venturoso,/ pois trazes escondido o meu Eleito,:/ Quem nobre mais do que Tu, quem mais ditoso?/ Pois qu'es do meu Senhor morada eleito:/ Oh! Se desses o teu encargo honroso,

Somente por um dia a este peito:/ Todo em fogo em amor me mudaria, de amor e fogo o templo então seria.:/

11. Ó pão lá dos céus
(Sto. Afonso Maria de Ligório)

Ó pão lá do céus,:/
Que velas e escondes inteiro o meu Deus,
Eu te amo e te adoro,
Meu rico tesouro,
/: Ó amante Senhor

Que em pão transformado, me dás teu amor!:/
Sustento vital.:/
Penhor e presente de vida imortal,
Em mim não existo,
Pois vive em mim Cristo,
/:Que vivo me quis,
me rege e sustenta e torna feliz!:
Oh! laço de amor,:/
Que estreitas o servo o amado Senhor,
Se vivo e não te amo,
Viver não reclamo,
/:Nem mais viverei,
Senão por pagar esse amor que gozei.:/
Ó fogo potente,:/
Que todas as almas desejas ardentes,
 Oh! Vem meu eleito,
Consome este peito,
/:No mais puro ardor,
Se é grande a ousadia, é maior teu amor.:/

Este livro foi composto com as famílias tipográficas Cascade Script
e Times e impresso em papel offset 63g/m² pela **Gráfica Santuário**.